CE2
cycle 3

Ali-Baba et les 40 voleurs
et autres histoires

Ali-Baba et les 40 voleurs
Conte populaire oriental

Gloups chez les cannibales
Paul Thiès

Octave et le cachalot
David Chauvel et Alfred

Plumette une poule super chouette
Anne-Marie Desplat-Duc

Notes de **Pascal Dupont**
Formateur
IUFM Midi-Pyrénées

hachette
ÉDUCATION

Édition : Valérie Dumur
Fabrication : Isabelle Simon-Bourg
Illustrations : Stefany Devaux, Christophe Besse, Alfred, Morgan
Création et réalisation de la couverture : Estelle Chandelier
Maquette intérieure : Laurent Carré, Michaël Funck
Réalisation : Créapass, Paris
Photogravure : Nord Compo

PAPIER À BASE DE FIBRES CERTIFIÉES

hachette s'engage pour l'environnement en réduisant l'empreinte carbone de ses livres. Celle de cet exemplaire est de :
650 g éq. CO_2
Rendez-vous sur www.hachette-durable.fr

ISBN : 978-2-01-117323-2

43 quai de Grenelle 75905 Paris cedex 15
www.hachette-education.com

AVANT-PROPOS

De la littérature, pour quoi faire ?

Les apprentissages fondamentaux : parler, lire, écrire ne sauraient se résumer à des savoir-faire décontextualisés et vides de sens. Ouvrir aux enfants la porte de la littérature, c'est les introduire dans des univers imaginaires, leur permettre de répondre à des questions existentielles à travers des œuvres de fiction, susciter leur curiosité et leur appétit d'apprendre.
À partir de ces références littéraires, les enfants se constitueront une première culture qui entrera en résonance avec les expériences et les lectures à venir.

Quelles œuvres choisir ?

Le bibliobus Hachette propose aux jeunes lecteurs des œuvres intégrales classiques et contemporaines propres à nourrir leur réflexion, à faire naître des interrogations, et qui sont adaptées à leur connaissance de la langue et à leur compréhension.
Elles sont sélectionnées parmi la bibliographie de 300 titres établie par le ministère de l'Éducation nationale, le fonds de romans des éditions Grasset Jeunesse et des éditions Rageot, le fonds jeunesse des éditions Autrement et le fonds de bandes dessinées des éditions Delcourt Jeunesse.

Devenir lecteur

On le sait depuis longtemps : il ne suffit pas d'avoir appris à lire pour devenir lecteur. Le goût et le plaisir de lire ne peuvent se développer qu'à partir de rencontres fréquentes avec les textes. Il convient donc, avant tout, de lire beaucoup.

Les adultes accompagneront les enfants sur le chemin de la lecture en lisant eux-mêmes des textes à haute voix et à travers des débats qui peuvent être très libres. Ils donneront ainsi aux enfants l'occasion de partager des émotions, d'éprouver leur liberté d'interprétation tout en les guidant dans leur compréhension.
Ainsi, ils les aideront peu à peu à tisser des réseaux de significations entre différentes œuvres.

La littérature à l'école

L'école s'est fixé pour objectif de donner à chaque enfant les références culturelles nécessaires pour que le monde des hommes commence à prendre sens pour lui.
« Le programme de littérature vise à donner à chaque élève un répertoire de références appropriées à son âge, puisées dans le patrimoine et dans la littérature de jeunesse d'hier et d'aujourd'hui ; il participe ainsi à la constitution d'une culture littéraire commune [1]. »
Il appartient aux éducateurs : enseignants, parents, médiateurs du livre, de relayer cette ambition.

Pascal Dupont

(1) *Les programmes de l'école primaire*, B. O. E. N., 19 juin 2008

Conte populaire oriental

Ali-Baba et les quarante voleurs

Illustré par Stefany Devaux

Il y avait une fois, dans la ville de Mossoul, un pauvre bûcheron nommé Ali-Baba. Son métier consistait à fabriquer, dans la forêt voisine, des fagots qu'il chargeait sur sa mule et vendait aux bourgeois de la cité. Et ce métier, comme bien on pense, ne l'enrichissait guère !
Un jour qu'il se livrait à son travail ordinaire, il entendit au loin le bruit d'une nombreuse cavalcade. Craignant les voleurs, il laissa là sa mule et grimpa sur un arbre d'où il pouvait voir sans être vu.

Mossoul :
ville qui se trouve actuellement dans le nord de l'Irak

un fagot :
un tas de petites branches liées ensemble et utilisé pour allumer un feu

une mule :
un animal (femelle) issu du croisement d'un âne et d'une jument

se livrer :
effectuer, faire

une cavalcade :
la course bruyante d'un grand nombre de cavaliers

craignant :
ayant peur

Peu d'instants après apparurent effectivement quarante cavaliers de mine farouche, portant à leurs ceintures un véritable arsenal de sabres, de coutelas et de pistolets. Ils s'arrêtèrent au pied d'une paroi de rochers tout à fait abrupte et inaccessible, et mirent pied à terre. Et leur chef, s'avançant jusqu'au rocher, dit à voix haute : « Sésame, ouvre-toi ». Aussitôt dans le rocher se fit une large ouverture où les brigands – c'en était – disparurent portant avec eux les lourds ballots accrochés à la selle de leurs chevaux. Puis le rocher se referma.

de mine farouche : avec un air cruel

un arsenal : une grande quantité d'armes

abrupt : très raide, presque vertical

un ballot : un paquet de marchandises

Au bout d'une heure, le rocher s'ouvrit à nouveau ; les voleurs sortirent, les mains vides, et quand ils furent à cheval : « Sésame, ferme toi », cria le chef. Le rocher se referma et la troupe des cavaliers disparut dans la profondeur des bois.

Ali-Baba attendit encore quelque temps ; puis, descendu de son arbre, alla tout droit au rocher et répéta les paroles du brigand : « Sésame, ouvre-toi ». Et le rocher s'ouvrit. Et Ali-Baba, stupéfait, vit apparaître une grotte immense, remplie d'incalculables richesses. C'était la cachette où les voleurs entassaient le fruit de leurs rapines. Jusqu'au plafond montaient les piles d'étoffes précieuses ; des barils regorgeaient de monnaies d'or et d'argent ; des vases sans prix, des armes damasquinées luisaient dans l'ombre mouvante, et, sur des tapis de velours, brillaient les émeraudes, étincelaient les rubis et les perles grosses comme des œufs de pigeon.

Ali-Baba ne perdit point de temps à une longue contemplation. Saisissant deux sacs vides qui traînaient dans un coin, il les bourra d'autant de pièces d'or qu'ils en purent tenir, les chargea sur sa mule en les cachant sous quelques fagots, et, après avoir ordonné au rocher de se refermer, rentra chez lui en grande hâte.

stupéfait : étonné au point de ne pas pouvoir réagir

incalculable : qu'on ne peut compter

une rapine : un pillage

un baril : un petit tonneau

regorger : être complètement rempli

damasquiné : incrusté de filets de métal précieux

une contemplation : le fait de regarder avec admiration

en grande hâte : très rapidement

clos : fermé

indiscret : qui cherche à découvrir ce qui doit rester secret

quérir : chercher

l'opulence : une grande abondance de richesses

Toutes portes closes, il étala devant sa femme émerveillée le contenu de ses sacs et lui raconta l'histoire de la caverne : « Nous voilà riches, ajouta-t-il, mais, pour éviter l'indiscrète curiosité des voisins, voici ce que nous devons faire. Je vais, dès demain, m'absenter trois semaines. Tu raconteras partout qu'un vieil oncle fort riche, que j'avais à Bagdad, vient de mourir, me laissant tout son héritage, et que je suis allé le quérir. À mon retour on trouvera tout naturel de nous voir vivre dans l'opulence. »

Ainsi fut fait. Ali-Baba vendit sa vieille maison délabrée, s'installa dans une belle demeure avec une vaste cour, des jardins délicieux, des esclaves choisis, et, ouvrant au bazar une boutique des mieux fournies, devint le plus riche des marchands de Mossoul. On s'étonna bien quelque peu d'une si rapide transformation, mais l'histoire de l'héritage fit taire les curieux.

délabré : en très mauvais état

un bazar : un marché dans les pays d'Orient

Or les brigands demeurèrent plus d'un an sans revenir à leur caverne, et, durant ce temps-là, Ali-Baba y fit encore plusieurs petites visites, si bien qu'au bout d'un an, quand les voleurs, chargés de butin, le voulurent mettre en sûreté, ils s'aperçurent au premier coup d'œil, et à leur grand désespoir, qu'on avait largement puisé dans leurs trésors !

« Par Allah ! s'écria le chef des brigands, quelqu'un connaît notre secret ! Comment l'a-t-il appris, c'est ce que je ne puis comprendre ! Mais si nous ne le découvrons pas promptement pour le mettre à mort, tout le fruit de nos travaux risque de disparaître. Avisons donc sans plus tarder. »

un butin : ce que l'on vole à quelqu'un

puiser : prendre, se servir

promptement : rapidement

le fruit : le bénéfice

aviser : décider de ce que l'on va faire

Alors le chef des brigands se déguisa en honnête voyageur, et se rendit à Mossoul ; et là il commença d'interroger adroitement les gens du bazar, leur demandant ce qui s'était passé de plus curieux depuis quelque temps. Il apprit ainsi que, parmi les choses notables qu'on lui pouvait dire, se trouvait le subit changement de fortune du bûcheron Ali-Baba qui, voici un peu près une année, hérita d'un oncle qu'on ne lui connaissait point auparavant, et, de pauvre miséreux qu'il était, devint le plus considérable et le plus opulent des marchands de la cité.

adroitement : avec habileté

notable : remarquable

subit : brusque

opulent : très riche

« Je tiens mon homme, pensa le chef des voleurs. Un bûcheron…, il y a un an…, c'est bien cela. » Il se fit donc désigner la boutique d'Ali-Baba, l'épia, le suivit le soir jusque chez lui et, après avoir noté avec soin la place exacte de sa demeure, il alla rejoindre ses compagnons.

« Procurez-vous en hâte, leur dit-il, vingt mulets vigoureux et quarante solides outres de cuir, des plus grandes que vous puissiez trouver. »

Dès le lendemain la commission était faite ; outres et mulets s'alignaient devant la caverne.

Le chef des brigands remplit alors l'une des outres de bonne huile d'olive et plaça dans chacune des outres restantes un de ses hommes muni d'un poignard.

« Je vais leur dit-il, sous l'apparence d'un honnête marchand d'huile, demander l'hospitalité à notre voleur Ali-Baba. La nuit, quand toute la maisonnée dormira, je vous ferai signe en jetant des petits cailloux sur les outres ; vous fendrez le cuir avec votre poignard, et, tous réunis,

épier : surveiller

un mulet : un animal (mâle) issu du croisement d'un âne et d'une jument

vigoureux : robuste

une outre : un sac en peau de bouc destiné à contenir un liquide

l'hospitalité : le fait de recevoir et d'accueillir quelqu'un chez soi nous massacrerons ce misérable qui a surpris notre secret. »

massacrer : tuer sans pitié

Les choses se passèrent d'abord fort exactement comme le chef des voleurs l'avait prévu. À la nuit tombante il pénétra dans Mossoul, alla frapper à la porte d'Ali-Baba, et, sous le prétexte que les auberges étaient fermées à cette heure, lui demanda l'hospitalité. En bon musulman et en homme de cœur généreux, Ali-Baba la lui accorda immédiatement. Les mules furent mises à l'écurie, les outres placées dans la cour, et un bon dîner fut offert au faux marchand.

un musulman : une personne qui a pour religion l'islam

accorder : donner

Or, au cours du repas, une jeune et belle esclave, d'esprit avisé et de cœur hardi, nommée Morgiane, qu'Ali-Baba possédait depuis qu'il était riche, s'aperçut que la lampe de la cuisine, faute d'huile, allait s'éteindre. Elle se souvint des outres de la cour et, prenant une cruche, sortit pour la remplir.
Les brigands étaient, comme bien vous le pensez, fort mal à l'aise dans leurs prisons de cuir et les heures leur semblaient longues ! Aussi quand Morgiane s'approcha de la première outre, le voleur qui était dedans, croyant reconnaître le pas de son maître, demanda à mi-voix : « Est-ce l'heure ? »

avisé : réfléchi et sensé

hardi : courageux

une cruche : un pot muni d'une anse et d'un bec verseur

à mi-voix : en baissant la voix

Morgiane, qui était du reste dans le secret de la fortune d'Ali-Baba, comprit immédiatement ce dont il s'agissait. Aussi, loin de perdre son sang-froid, elle répondit doucement en déguisant le timbre de sa voix : « Non, pas encore ». Elle passa à la seconde outre où pareille question lui fut faite : elle y donna pareille réponse, et cela continua ainsi jusqu'à la quarantième qui était pleine d'huile. Elle y plongea sa cruche, revint à la cuisine et ranima sa lampe. Puis, prenant un grand chaudron, elle retourna vivement à la cour, emplit son chaudron jusqu'au bord, le porta sur un feu vif, et, quand l'huile fut bouillante, elle alla en verser le contenu dans chacune des 39 outres où les voleurs étouffés, asphyxiés, et à moitié rôtis, passèrent en un instant et sans crier : ouf !, de vie à trépas !

Cela fait, elle se dissimula dans un coin obscur et attendit les événements.

Après le souper, Ali-Baba conduisit son hôte dans une chambre du premier étage, donnant sur la cour, lui souhaita bonne nuit et s'alla coucher.

perdre son sang-froid : perdre son calme

le timbre : le son

ranimer : rallumer

de vie à trépas : de la vie à la mort

se dissimuler : se cacher

obscur : sombre

un hôte : un invité

Quand, dans la maison, tout parut endormi, le faux marchand ouvrit sa fenêtre et jeta sur les outres des petits cailloux dont il avait eu soin de se munir. Mais rien ne bougea. Il en jeta d'autres, plus fortement : le résultat fut le même. Fort inquiet et ne comprenant rien à pareil silence, il enjamba l'appui de la fenêtre, sauta dans la cour et s'approcha des outres : l'odeur qui s'en échappait suffit à lui apprendre le sort de ses hommes !
Voyant son coup manqué, furieux et désespéré il s'apprêtait à fuir lorsque Morgiane qui le guettait bondit sur lui et d'un coup de poignard en plein cœur l'étendit mort sur place.

se munir : prendre avec soi

le sort : ce qui est arrivé

s'apprêter : se préparer

Elle se rendit aussitôt à la chambre d'Ali-Baba, l'éveilla doucement et lui dit : « Mon bon maître, ayez, je vous prie, l'obligeance de me suivre jusqu'à la cour. Vous y verrez tel spectacle auquel vous ne vous attendez guère et qui vous fixera sur la qualité du marchand d'huile que vous hébergeâtes hier soir. »

l'obligeance : l'amabilité, la gentillesse

la qualité : la profession

Fort intrigué, Ali-Baba se leva, et à la lueur de la lampe de Morgiane, il aperçut d'abord le chef des brigands baignant dans son sang.
« Malheureuse, s'écria-t-il, qu'as-tu fait ! Est-ce là le traitement que l'on réserve aux hôtes envoyés de Dieu ?

– Dites, du Diable », reprit doucement Morgiane, et, menant son maître aux outres de cuir, elle lui en montra le contenu.

Ali-Baba, à la pensée du danger qu'il avait couru, faillit s'évanouir d'émotion. Il reprit enfin ses esprits, et, tout heureux de se voir à jamais hors de péril et seul maître des trésors de la caverne, il dit à Morgiane :

un péril : un danger

« Mon enfant, c'est à ton intelligence, à ton sang-froid et à ton courage que ma famille et moi-même devons la vie. Je veux que la récompense ne soit point inférieure au bienfait. Non seulement je te fais libre, mais tu vas devenir ma fille car je ne veux pour mon fils Ali point d'autre épouse que toi. »

La nuit même, Ali-Baba, aidé de Morgiane et de son fils, enterra sans bruit dans le fond de son jardin les corps des brigands et, huit jours plus tard, célébra en grande pompe les noces d'Ali et de Morgiane. Il continua par la suite à puiser avec modération dans les trésors de la caverne, transmit le secret à ses petits-fils, et, pendant des siècles, la famille d'Ali-Baba dut à la possession de ce secret, d'être la plus considérable et la plus opulente de Mossoul.

en grande pompe : en grande cérémonie, avec éclat

les noces : le mariage

avec modération : dans une juste mesure, raisonnablement

Paul Thiès

Gloups chez les cannibales

Illustré par Christophe Besse

Gloups prend des vacances

Il y a très très longtemps, la Terre était une planète sauvage et les Terriens d'affreux cannibales. Ils se mangeaient les uns les autres aux petits oignons. C'était horrible !

sauvage : peu accueillant

un cannibale : une personne qui mange de la chair humaine

civilisé : avancé dans le domaine du progrès
astucieux : intelligent, malin

Par contre, à cette époque, les Martiens étaient déjà très civilisés.
Ils inventaient des tas de choses drôlement astucieuses, par exemple la piscine à bulles ou les fauteuils à bascule.

Ils se promenaient dans l'espace en soucoupe volante et ils se moquaient des pauvres Terriens qui cuisaient dans leurs marmites.
Les Martiens avaient la belle vie pendant que les Terriens, eux, se croquaient de plus en plus. Il y en avait donc de moins en moins et ça aurait pu très mal finir !

Heureusement, un beau jour, un petit Martien qui s'appelait Gloups et qui était le premier de sa classe demanda à ses parents la permission d'aller passer ses vacances sur la Terre.

– D'accord, dit son papa, mais méfie-toi des humains. Ce sont de vrais sauvages !

se méfier : faire attention

un sauvage : un être pas civilisé, cruel

un tentacule : le long bras muni de ventouses des pieuvres

une clairière : un endroit sans arbre au milieu de la forêt

– D'accord, ajouta sa maman, mais n'oublie pas de te laver les tentacules chaque matin et de téléphoner tous les soirs.
Le trajet Mars-Terre se déroula sans incident.
Gloups posa sa soucoupe volante dans une clairière tranquille.
Les vacances commençaient !

Gloups a des ennuis

Gloups se promenait dans la jungle en remuant gaiement les antennes et il dégustait de délicieuses spécialités terriennes comme le mammouth rôti et les fraises des bois.

déguster : manger lentement pour apprécier le goût, savourer

une spécialité : un plat typique d'une région

être ignorant : ne pas avoir de connaissances

Malheureusement pour eux, les Terriens n'en mangeaient pas souvent. Ils étaient trop ignorants pour bien chasser ou pour inventer la salade de fruits.

se gondoler : se tordre de rire (*langage familier*)

un minable : une personne qui n'a pas beaucoup de capacités *(langage familier)*

Gloups s'intéressait aux Terriens, mais il les trouvait si moches qu'il se gondolait les tentacules rien qu'en les regardant. Ils n'avaient même pas de trompes, ces minables !

Il décida d'observer de plus près les Terriens. Il prépara son désintégrateur ultra-perfectionné, au cas où.

un désintégrateur : une arme qui détruit complètement quelque chose ou quelqu'un

Ensuite, il quitta sa soucoupe volante et s'aventura prudemment dans la jungle. Il marchait depuis un bon moment, les antennes en alerte, quand soudain…
Vlan ! Il se retrouva au fond d'un trou. Le petit Martien était tombé dans un piège à cannibales !

la zoologie :
la science qui étudie les animaux

un souci :
un ennui

un orphelin :
un enfant qui a perdu ses parents

se lécher les babines :
se passer la langue sur les lèvres à l'idée de manger quelque chose d'appétissant

– Au secours ! Au secours ! hurla Gloups qui avait appris le terrien en cours de zoologie, à l'école.
Hélas, personne ne l'entendit… jusqu'à ce que Kouik arrive.
Kouik n'était pas bien gros ! Il avait les yeux bleus, les cheveux roux et des tas de soucis, car il ne restait plus grand-chose à manger dans son village.
Kouik était orphelin, sans personne pour le défendre, et le chef de sa tribu le regardait déjà en se léchant les babines.

Gloups rencontre Kouik

Kouik ouvrit deux grands yeux en voyant Gloups qui ouvrit huit grands yeux en voyant Kouik.
Le petit Terrien se gratta le bout du nez, très intrigué par sa trouvaille.

intrigué : étonné, curieux de

visqueux : collant, gluant

gluant : collant, visqueux

Gloups ressemblait à une boule verte recouverte de tentacules visqueux, sans compter ses deux antennes roses, ses deux trompes gluantes et ses trois pattes.

rectifier : corriger

– Tu es un drôle de mammouth, toi, s'étonna Kouik qui était très ignorant, comme tous les Terriens de cette époque.
– Je ne suis pas un mammouth, mais un Martien, rectifia Gloups en sautillant au fond de son trou. Aide-moi à sortir !
– C'est quoi, un Martien ? demanda Kouik.

– Ça ne se mange pas, l'avertit Gloups. Sors-moi de là en vitesse !

– Je suis désolé, répondit Kouik d'une voix gênée. Si je ne rapporte pas un déjeuner à la tribu, c'est moi qu'on croquera, alors…

– Je ne suis ni un déjeuner ni un dîner, je suis un Martien ! répéta Gloups indigné.

indigné : scandalisé, outré d'être traité ainsi

Mais Kouik ne l'écoutait plus. Il tira Gloups du piège, le jeta sur son épaule et l'emporta jusqu'à son village.

anéantir : détruire complètement

Le petit Martien aurait sans doute pu l'anéantir rien qu'en claquant des tentacules, mais il se laissa faire par curiosité. C'était l'occasion ou jamais de voir les Terriens de près.

Gloups s'évade

Kouik déposa Gloups au milieu du village et annonça fièrement :

– Voilà le repas !

Gloups rigolait tout bas. Le chef de la tribu et tous ses guerriers tournaient autour de lui en écarquillant les yeux.

écarquiller : ouvrir les yeux très grands en signe d'étonnement

Personne n'avait jamais vu une bête pareille.
Finalement, le chef dit à Kouik :
– Bon, on le met à la marmite mais je te préviens, s'il a mauvais goût, c'est toi qu'on croque !
– D'a... d'a... d'accord, bredouilla l'orphelin.

bredouiller : parler avec difficulté

Les cannibales poussèrent des cris de joie. Ils apportèrent le sel, le poivre, l'huile, le vinaigre, les petits oignons et hop ! ils jetèrent Gloups dans la marmite.

Seulement, ils ignoraient que les Martiens adorent l'eau bouillante. Au bout d'une heure, Gloups n'était toujours pas cuit. Il nageait en rond et faisait des bulles en agitant les tentacules. Les Terriens n'y comprenaient rien !

ignorer :
ne pas savoir

Le petit Martien s'amusait beaucoup, mais le soir tombait. Et s'il n'appelait pas ses parents, ils risquaient de s'inquiéter. Alors Gloups sortit son désintégrateur et pulvérisa deux ou trois baobabs pour montrer aux humains qu'il ne fallait plus rigoler.

pulvériser : détruire complètement

Les cannibales s'enfuirent dans la jungle en hurlant de peur. Kouik, caché derrière un rocher, tremblait comme une feuille.
Gloups sauta par terre, se secoua pour s'égoutter les trompes et s'arrêta devant Kouik.
– Je… je… je te demande pardon. S'il te plaît, ne me rôtis pas… bafouilla le garçon.

trembler comme une feuille : trembler de tout son corps

comestible : que l'on peut manger

– Je t'avais pourtant prévenu, je ne suis pas comestible, déclara Gloups en agitant sévèrement ses antennes.
Kouik claquait des dents ! Gloups lui tourna le dos et regagna sa soucoupe pour téléphoner à ses parents.

Gloups arrive à temps

Les vacances de Gloups se terminaient. Il vérifia le moteur de sa soucoupe et décolla, mais, en survolant le village, il vit par le hublot les cannibales réunis autour de la marmite.

un hublot : une fenêtre ronde à verre épais

Les cannibales dansaient et chantaient... sauf Kouik plongé dans la marmite. Il était presque cuit ! Le garçon leva les yeux, aperçut la soucoupe volante et hurla de toutes ses forces :

– Au secours ! Au secours ! Ils vont me manger ! Sauve-moi, je t'en supplie !

Gloups faillit continuer. Kouik l'avait traité de déjeuner et livré aux Terriens, alors... Heureusement, le petit Martien se souvint des recommandations de ses parents :

une recommandation : un conseil

– N'oublie pas que les Terriens sont des barbares, mais ce n'est pas leur faute, lui avait expliqué son papa.
– Il faut essayer de les aider, avait ajouté sa maman.
En bas, Kouik pleurait à chaudes larmes. Gloups, apitoyé, immobilisa sa soucoupe au-dessus du village.

un barbare : une personne cruelle, féroce

pleurer à chaudes larmes : pleurer abondamment

apitoyé : attendri

à toutes jambes : le plus vite possible

Les cannibales s'enfuirent à toutes jambes !

Gloups tira vite l'orphelin de sa marmite et le fit monter à côté de lui. Et c'est ainsi qu'un humain s'envola pour la première fois vers la planète Mars.

Gloups trouve un copain

Kouik écarquillait les yeux en découvrant les merveilles de la soucoupe. Il y avait des machines partout, une cabine rien que pour lui et des kilos de glace au chocolat dans le frigo.

avouer : reconnaître quelque chose de difficile

Pourtant, il semblait ennuyé.
– Ça ne va pas ? lui demanda Gloups.
– J'ai honte, avoua le petit Terrien en rougissant. Je voulais te manger et toi tu m'as sauvé la vie…
– Ce n'est pas grave, assura Gloups. Allez, on se serre les tentacules et on oublie ça !
Gloups et Kouik devinrent vite les meilleurs copains de l'univers.

Kouik apprit à jouer au combat spatial et Gloups à saute-mammouth.
Ils s'amusaient comme des fous !

Quand ils arrivèrent sur Mars, Gloups présenta Kouik à sa famille. Ses parents l'accueillirent très gentiment. Ils pensaient que tous les enfants doivent s'instruire, même les petits cannibales, alors ils envoyèrent Kouik à l'école.

Au début, le garçon se sentit un peu perdu. Les jeunes Martiens le regardaient comme une bête curieuse.

regarder comme une bête curieuse : regarder comme si c'était un animal du zoo

Heureusement, Gloups l'aidait pour ses devoirs et Kouik devint vite un excellent élève.
Par contre, il avait du mal au foot parce que ses copains avaient trois pattes. À cache-cache car ils le repéraient très facilement avec leurs huit yeux. Et au ping-pong à cause de leurs six tentacules.
Mais comme personne ne lui parlait jamais de marmite, Kouik était heureux.

Gloups a une idée géniale

Pourtant, le jeune humain finit par s'ennuyer. Il en avait marre de perdre au foot et puis… les petites Martiennes étaient sympa mais pour les bisous, avec leurs trompes gluantes, ça ne collait pas vraiment. Ou plutôt ça collait trop !

en avoir marre : en avoir assez *(langage familier)*

ça ne collait pas : ça n'allait pas *(langage familier)*

Kouik demanda donc aux parents de Gloups l'autorisation de retourner sur Terre.

– C'est dangereux, tu risques de te faire croquer, lui rappela le père de Gloups.

– Il a beaucoup appris depuis qu'il est ici, je suis sûre qu'il saura se débrouiller, répliqua la mère de Gloups avec optimisme.

se débrouiller : se tirer d'affaire habilement *(langage familier)*

avec optimisme : avec confiance

Gloups, qui voulait aider son camarade, réfléchit un moment et claqua joyeusement des tentacules.

– J'ai une idée ! s'écria-t-il. Il faut lui donner une arme invincible.

une arme invincible : une arme qui rend imbattable

C'est ainsi que Kouik subit la première opération chirurgicale martio-terrienne de l'histoire.

Les médecins martiens lui greffèrent sur la tête deux jolies antennes capables d'accélérer le fonctionnement de son cerveau. En plus, elles étaient équipées de désintégrateurs miniaturisés ultra-puissants !

greffer :
implanter
un nouvel organe

miniaturisé :
extrêmement petit

recommander : conseiller avec insistance

– Surtout, fais bien attention, lui recommandèrent les parents de Gloups. Il vaut mieux aider les hommes à réfléchir plutôt que de leur tirer dessus.
– C'est juré ! promit le garçon.
Gloups ramena lui-même son ami sur sa planète.
– Je ne t'oublierai jamais, déclara Kouik, très ému.
– Moi non plus. Tu resteras mon meilleur copain, répondit Gloups en reniflant des deux trompes.

Kouik rentre chez lui

La soucoupe repartit vers l'espace et Kouik regagna son village. Les cannibales, toujours aussi goinfres, se jetèrent sur lui en brandissant leurs louches. Mais le garçon agita ses antennes et désintégra d'un seul coup la marmite de la tribu.

un goinfre : une personne qui mange trop

– Ça suffit ! À partir d'aujourd'hui personne ne mange plus personne, ordonna-t-il, sinon je me fâche !

Les guerriers, verts de frousse, proclamèrent le garçon grand chef à la place du chef, et grand sorcier à la place du sorcier !

Kouik tint sa promesse et ne se servit jamais de ses antennes contre les cannibales, même quand ils faisaient des bêtises.

vert de frousse : effrayé, épouvanté *(langage familier)*

proclamer : désigner

Il préférait les instruire grâce à son intelligence toute neuve. Il leur enseigna à chasser les gros animaux et à élever les plus petits.

enseigner : apprendre

Il leur montra comment planter puis soigner et récolter des choux, des carottes et des haricots verts.

Les Terriens prirent donc l'habitude de manger des côtelettes de mammouth et de la soupe aux légumes au lieu de croquer leurs voisins. C'était quand même mieux ! Kouik devint le meilleur chef de tribu de la région. Son copain Gloups lui rendait souvent visite en cachette et le garçon retournait sur Mars pour retrouver ses amis et continuer à s'instruire.

Plus tard, Kouik épousa la fille de l'ancien chef, une très très jolie fille nommée Coquelicot, aussi rousse que lui.

Kouik et Coquelicot eurent beaucoup d'enfants aux cheveux rouges, mais sans antennes.

puissant : qui a beaucoup de pouvoir

Les enfants des petits-enfants des arrière-petits-enfants de ces enfants sont encore de puissants sorciers. Ils prennent sûrement leurs vacances sur la planète Mars avec les arrière-arrière-arrière-arrière-petits-enfants de Gloups.
Mais ça, c'est un secret…

David Chauvel et Alfred

Octave et le cachalot

Illustré par Alfred

OCTAVE N'AIMAIT PAS LA MER.
J'AIME PAS LA MER.
C'EST FROID, C'EST MOUILLÉ ET ÇA SENT MAUVAIS.
ET IL NE SE BAIGNAIT JAMAIS.
NAN! JAMAIS!
IL HABITAIT UNE PETITE MAISON DE PÊCHEUR, TOUT SEUL AVEC SA MAMAN.
MA MAMAN À MOI!

un touriste :
un vacancier

BON, IL VA ÊTRE L'HEURE D'ALLER AU LIT, JEUNE HOMME.
DÉJÀ? NON! JE VEUX PAS Y ALLER! J...
OCTAVE...
3.
LA MAMAN D'OCTAVE VENAIT DE FAIRE SA TÊTE DE "C'EST PAS LE MOMENT DE M'EMBÊTER".
ALORS IL MONTA DANS SA CHAMBRE ET ATTENDIT QU'ELLE VIENNE LUI DIRE BONNE NUIT EN JOUANT AVEC SA COLLECTION DE MONSTRES.

fouiller :
regarder partout minutieusement

un abîme :
un gouffre qui paraît sans fond

un titan :
un géant

un tentacule :
un des long bras muni de ventouses des calmars

gluant :
collant

décamper :
disparaître rapidement
(langage familier)

?
octave!..
octave!
Octave,
Réveille-toi!!

Réveille-toi !
QUELLE ÉTAIT CETTE FORME NOIRE SUR LA PLAGE ?!
10.
OCTAVE SE FROTTA LES YEUX UN BON COUP, MAIS LORSQU'IL LES ROUVRIT, ELLE ÉTAIT TOUJOURS LÀ...

éclairci :
résolu

nécessaire :
utile

OCTAVE N'EN CROYAIT PAS SES YEUX...
LA CHOSE QUI SE DRESSAIT DEVANT LUI N'ÉTAIT AUTRE QU'UN CACHALOT.
UN GRAND, UN TRÈS GRAND, UN ÉNORME, UN GIGANTESQUE CACHALOT!!!
12.

visqueux :
gluant

se fracasser :
s'écraser contre

s'échouer :
toucher accidentellement le rivage

Une Grande Personne ?
Non non non !!
Dis-moi, est-ce que ta maman te croirait si tu lui disais que tu viens de parler avec un grand cachalot ?!
BEN... EUH, NON... JE CROIS PAS...
tu vois ?!
Woum woum !! Non, c'est toi qui dois m'aider !!!
il faut que je retourne à la mer avant demain matin, sinon j'ai bien peur qu'on me trouve et qu'on me coupe en rondelles !!!
EN RONDELLES, COMME UN SAUCISSON ?!
quelque chose comme ça...
MAIS... QU'EST-CE QUE JE PEUX FAIRE ! JE SUIS QU'UN TOUT PETIT GARÇON ET...

HAN!
HAN!
GNNN...
BRR...
17.

s'aventurer :
prendre un risque en allant quelque part

un orteil :
un doigt de pied

frissonner :
avoir des frissons, des tremblements qui traversent le corps

une mission :
une tâche à accomplir

un farfadet :
un petit lutin

ET SEUL CE FARFADET POUVAIT SAUVER LE CACHALOT CAR IL COMMANDAIT LA MER...
TRÈS FRANCHEMENT, OCTAVE NE CROYAIT PAS VRAIMENT À CETTE HISTOIRE.
MAIS LA NUIT QU'IL ÉTAIT EN TRAIN DE VIVRE ÉTAIT TELLEMENT ÉTRANGE...
... QUE TOUT ÉTAIT POSSIBLE.
FARFADET!!
OH HÉ! MONSIEUR!
?
ZWOUF
21.

EUH... BONJOUR...
JE... JE M'APPELLE OCTAVE ET JE...
VOUS VOYEZ LE CACHALOT SUR LA PLAGE, LÀ-BAS ?
C'EST LUI QUI M'A DIT DE VENIR VOUS TROUVER. C'EST PARCE QU'IL S'EST ÉCHOUÉ ET IL FAUT LE SAUVER ET TOUT ÇA !!
ENFIN... VOILÀ, QUOI...

Pouf!
23.

OH NON!
LA BARQUE!!
VITE
VITE
VITE
24

coincé :
prisonnier

écoper :
recevoir une punition

Á...
... L'AIDE?
?
ÇA... ÇA A MARCHÉ!
Bien sûr que ça a marché!!
Et c'est grâce à toi, octave!!
26.
Tu m'as sauvé la vie mon garçon Woumwoum que veux-tu en échange ?!

un moniteur :
une personne chargée d'enseigner un sport

se teinter :
se colorer

POK!
BON… BEN… AU REVOIR, ALORS…
Woum woum!! Au Revoir Octave et merci Pour tout!!
DE RIEN… AU REVOIR…
OCTAVE ATTENDIT ENCORE QUELQUES MINUTES…
29.
… MAIS SON AMI NE REPARUT PAS.

Á PARTIR DE CE JOUR, OCTAVE ALLA SE BAIGNER TOUS LES JOURS Á LA PLAGE QUE, POUR LUI-MÊME, IL APPELAIT "LA PLAGE DU CACHALOT".
ET CHAQUE FOIS, IL ESPÉRA REVOIR SON GIGANTESQUE AMI ...
... MAIS IL NE REVINT JAMAIS.
ENFIN, PAS TOUT À FAIT...
CAR UN SOIR, TANDIS QUE LE SOLEIL SE COUCHAIT À L'HORIZON ET QU'OCTAVE REGARDAIT LA PLAGE PAR SA FENÊTRE ...
30.
CHAUVEL
ALFRED

Anne-Marie Desplat-Duc

Plumette une poule super chouette

Illustré par Morgan

La basse-cour

une basse-cour :
un endroit de la ferme où l'on élève les volailles et les lapins

Rien dans l'air ne laisse prévoir un événement exceptionnel.
Poules, poussins et poulettes picorent tranquillement.
Pourtant, les élections vont bientôt avoir lieu. Elles se déroulent tous les ans afin de désigner le nouveau coqmaire, chef des poules pondeuses du poulailler.

une élection :
un vote pour choisir une personne

Nouveau ? Pas vraiment. Depuis six ans, Coqenpâte est élu à chaque fois.
D'ailleurs, il a déjà commencé sa campagne électorale.
Il se promène dans le poulailler, poitrail en avant, crête fière, queue en panache. Avec l'âge, il lui manque bien des plumes ici et là, mais qu'importe, il est le meilleur, le plus beau… enfin, c'est lui qui le dit !

une campagne électorale : des actions auprès de la population pour se faire élire

en panache : déployée élégamment pour avoir fière allure

Il se rengorge, fait quelques pas et claironne son slogan, le même depuis six ans :

COQENPÂTE,
LE COQ QUI VOUS ÉPATE !

(C'est pendant les campagnes électorales dans les poulaillers que vous entendez chanter le coq en plein après-midi.)
Aussitôt, les poules l'entourent et le flattent :
– Ah ! Coqenpâte,
que vous êtes beau !
– Et courageux !
– Et superbe !
– Et magnifique !
– Et… coq !

se rengorger : prendre des airs avantageux

claironner : dire très fort et à tout le monde

un slogan : une phrase courte qui sert à retenir l'attention

épater : étonner

flatter : faire des compliments exagérés

– Voterez-vous pour moi ? demande-t-il.
– Bien sûr, bien sûr, promettent-elles.
Et pour qui d'autre voteraient-elles ? Il est le seul candidat.

Le seul candidat ?
Coqhardi en a assez d'obéir à ce vieillard déplumé qui ne sait rien faire de mieux que de s'empiffrer avec les meilleurs grains et courtiser les poulettes.
Coqhardi a déjà trois printemps. Le moment est venu de s'affirmer ou il finira en coq au vin.
Il rêve d'honneurs, de gloire, de maïs doré, de poules à ses pattes.

un candidat : une personne qui se présente à une élection

s'empiffrer : manger trop

courtiser : faire la cour à quelqu'un

avoir trois printemps : avoir trois ans

Après tout, Coqenpâte avait son âge lors de sa première élection.
Il se campe au milieu du poulailler et lance le slogan qu'il a passé trois nuits blanches à mettre au point :

se camper : se dresser avec assurance

une nuit blanche : une nuit passée sans dormir

COQHARDI,
LE COQ DÉGOURDI !

dégourdi : malin et débrouillard

Il n'a pas la voix puissante du maître des lieux, pourtant les poules et les poulettes arrêtent de picorer, de gratter, de jacasser et s'approchent.

jacasser : bavarder sans arrêt *(langage familier)*

lustrer : frotter pour rendre brillant

le croupion : la partie du corps d'une volaille qui porte les plumes de sa queue

un avorton : une personne faible et difforme

un ergot : une sorte de griffe située derrière la patte du coq

Coqenpâte, occupé à lustrer les plumes de sa queue, s'en pique le croupion :
– Que dis-tu, avorton ?
Coqhardi se dresse aussi haut qu'il le peut sur ses ergots, s'éclaircit la gorge et répète :

COQHARDI,
LE COQ DÉGOURDI !

Combat de coqs

Déjà quelques poulettes trouvent Coqhardi charmant, intelligent, jeune, dynamique. Coqenpâte le toise et hurle à perforer tous les tympans de la basse-cour :

COQENPÂTE,
LE COQ QUI VOUS ÉPATE !

toiser : regarder de haut

perforer : percer

prendre son parti : être de son côté

empanaché : orné d'un panache

Les plus vieilles poules prennent son parti et le trouvent superbe, fier, empanaché, fort…

COQHARDI,
LE COQ DÉGOURDI !

s'époumoner : crier de toutes ses forces jusqu'à s'essoufler

s'époumone le nouveau.

COQENPÂTE,
LE COQ QUI VOUS ÉPATE !

tonner : répondre violemment

tonne l'ancien.
C'est la bagarre ! Battements d'ailes, coups de bec, de griffes, plumes qui volent, cris, sauts…

– Arrêtez ! s'égosille une poule grise.
Mais les combattants ne l'entendent pas.
– Arrêtez ! reprend Plumette, il est inutile de vous battre !
– Inutile ? s'exclame Coqenpâte, la crête ensanglantée. Cet insolent mérite une bonne correction !
– Inutile ? reprend Coqhardi, les plumes en bataille. Je vais aplatir ce vieux croûton !
– Peu importe qui est le plus fort, nous voulons connaître votre programme, continue Plumette.

s'égosiller : parler très fort jusqu'à en perdre la voix

Essoufflés, les deux coqs se regardent sans comprendre.

– Notre pro… programme ? bafouille Coqhardi.

un programme : en politique, les actions que l'on désire mener

– Quel programme ? s'énerve Coqenpâte.

– Ce que vous ferez lorsque vous serez élu, explique la poule.

– Eh bien… je ferai… je ferai ce que j'ai toujours fait depuis six ans, déclare Coqenpâte.

– C'est-à-dire : RIEN ! résume Plumette en se tournant vers ses amies poules qui gloussent timidement.

glousser : rire en poussant de petits cris

– Comment, rien ? Je… je vous réveille tous les matins de mon cocorico sonore !

– Nous préférerions des musiques plus variées.

– Je… je vous protège contre le loup et le renard !

– Il n'y a plus ni loup ni renard dans la région depuis longtemps !

Quelques battements d'ailes saluent l'intervention de Plumette.

– Enfin, je suis votre coqmaire depuis six ans et jamais… aucune poule n'avait eu le culot de…

avoir le culot : oser *(langage familier)*

– Justement, il est temps que ça change !

Alors là, c'est le délire !

Le poulailler n'est plus que bruissements d'ailes et caquetages excités !

– Et toi, Coqhardi, quel est ton programme ? continue Plumette.

– Mes chères amies ! Mon programme est très différent de celui de mon adversaire ! Je compte innover, encore innover, toujours innover !

le délire : l'enthousiasme

des caquetages : les petits cris des poules

excité : nerveux, agité

innover : présenter de nouvelles idées

Des murmures d'admiration volent au-dessus des plumes.
– Mais encore ? l'encourage Plumette.

– Nous sommes restés trop longtemps aux pattes d'un coqmaire complètement dépassé par les événements. Nous vivons dans un siècle de progrès et notre poulailler ne doit pas rester à la traîne…
– Donne-nous plus de précisions.
– J'y viens, j'y viens… Il faut à notre poulailler des idées neuves… modernes pour que, tous ensemble, demain, ailes contre ailes, nous voyions pointer l'aube d'un jour nouveau…

l'euphorie :
une immense joie

couver du regard :
ne pas pouvoir détacher son regard de quelqu'un

un orateur :
une personne qui prononce un discours

C'est l'euphorie ! Les poulettes de sa couvée le couvent d'un regard admiratif et laissent éclater leur joie. Ah ! depuis leur premier duvet, elles sentaient bien que Coqhardi était promis à un brillant avenir. Quel orateur ! Quel séducteur ! Quel meneur ! C'est décidé, elles voteront pour lui.

Réunion secrète

Le soir même, les coqs, épuisés par leur combat, dorment sur le plus haut perchoir en rêvant à la victoire finale. Pendant ce temps, poules, poulettes et poussins se réunissent pour discuter.

un perchoir :
un support en bois où se perchent les volailles

– Le règne de Coqenpâte a assez duré ! s'exclame Plumette.

un règne :
la période pendant laquelle gouverne un roi

– Tu en parles comme s'il était roi ! s'étonne Crêterose.

– Nous sommes en République ! dit Titpoule.

– Peut-être, mais Coqenpâte ne tient jamais compte de nos revendications ! assure Plumette.

une revendication : une demande, une réclamation

– C'est vrai !

– Nous, on voudrait des grains au chocolat et pouvoir veiller le soir ! lance un poussin à peine sorti de l'œuf.

veiller : ne pas dormir volontairement

– Il ne manquerait plus que ça ! gronde sa mère.

Les poules sourient. Pioupiou est un garnement qui donne bien du souci à sa maman.

La discussion reprend :

– Coqenpâte est trop vieux !

– Il nous faut un coq jeune !

– Votons Coqhardi !
– Oui, votons pour Coqhardi ! chantent plusieurs poulettes.
– Lui, au moins, nous a exposé son programme ! déclare Pouleblanche qui rosit d'émotion.

rosir : devenir tout rose

– Ah oui ! parlons-en de son programme ! Vous y avez compris quelque chose ? demande Plumette.

– Ses phrases étaient magnifiques…

– Coqhardi a voulu nous impressionner avec des mots compliqués, un point c'est tout ! coupe Plumette. Il faut organiser un débat !

– On va se battre ? s'inquiète Jaunette, pas très courageuse.

– Mais non ! Un débat, c'est une réunion où nous poserons nos questions aux candidats.

impressionner : produire un fort effet sur quelqu'un

couper : interrompre

– Moi, ça ne m'intéresse pas, je ne vote jamais, marmonne une poule blanche et noire.

marmonner : dire quelque chose à voix basse entre ses dents

– Pourtant, tu es la première à rouspéter !
– Je rouspète, je rouspète, parce que rien ne va !
– Alors tu dois agir en votant pour le candidat qui se rapproche de tes idées, lui suggère Plumette.
– De toute façon, c'est toujours Coqenpâte qui est élu !
– Jusqu'à présent, Coqenpâte était le seul à se présenter. Mais, maintenant, nous avons le choix entre lui et Coqhardi.
– Je verrai. Je voterai peut-être, ou peut-être pas, grommelle la poule blanche et noire.

rouspéter : protester, exprimer son désaccord *(langage familier)*

grommeler : manifester son mécontentement en grognant

– Si tout le monde faisait comme toi, ce ne serait même plus la peine d'organiser des élections et encore moins un débat, déclare Plumette.
– Si, si ! un débat ! crient les poulettes.
– Alors, rendez-vous demain à quatorze heures sous le cerisier. Je me charge de prévenir les coqs !

Le débat

Le lendemain, toute la basse-cour fait cercle autour des deux candidats.
Bien qu'ils n'aient pas le droit de vote, les canards, les dindes, les pigeons, les oies, et même quelques lapins se sont déplacés. Pour une fois qu'il se passe quelque chose, ils ne veulent pas rater ça ! Les poussins accompagnent leur mère.

faire cercle : entourer

Juché sur la brouette, Coqenpâte gonfle ses plumes et roucoule :

– Chères amies. Vous me connaissez toutes. J'ai connu vos parents, je connais vos enfants… Je suis le plus ancien coq du poulailler. Ma sagesse, mon expérience, sont mes principales qualités… Vous pouvez compter sur moi…

– Et que comptes-tu faire pour nous ? l'interrompt Plumette, pas du tout impressionnée par le discours du vieux coq.

– Vous vivez heureuses ici. Vous ne manquez de rien. Vous n'avez ni faim ni froid. Le loup et le renard ne vous attaquent pas… Que pourriez-vous souhaiter de plus ?

juché : placé en hauteur

Quelques poules battent des ailes.
– Aux dernières élections, tu avais promis que Louis, le fermier, agrandirait notre enclos !
– Ah ? J'avais dit cela ?
– Parfaitement, parfaitement ! s'exclame-t-on ici et là.
– Ce n'est pas facile. Louis est débordé, il n'a pas le temps de…
– Tu nous avais promis de l'eau fraîche et, cet été, lorsque le thermomètre est monté à 40 °C, l'eau de nos écuelles était aussi tiède que du pipi de chat ! reprend Plumette.

un enclos : un terrain entouré d'une clôture

être débordé : avoir beaucoup de travail

une écuelle : un récipient creux

– Je n'ai pas pu…

– Et le chauffage sous les nids, l'avons-nous obtenu cet hiver alors qu'il a gelé si fort que nous claquions du bec ? proteste une poule rouge d'excitation.

– Louis a jugé que…

– Et le trou dans le grillage qui laisse échapper nos poussins !

– Non, faut pas que Louis bouche le trou, souffle Pioupiou le poussin à l'oreille de son frère, sinon, on pourra plus aller se promener dans le bois.

claquer du bec : avoir très froid

protester : déclarer avec force son désaccord

juger : penser

– Et l'avoine que Louis oublie une fois sur deux dans nos pâtées !
Toutes caquettent à la fois. Coqenpâte ne sait pas comment arrêter les reproches qui pleuvent sur lui. Il lance un cocorico strident pour obtenir le silence.

pleuvoir : s'abattre en grande quantité

– Mes amies, calmez-vous ! Le métier de coqmaire est difficile. J'avoue m'être laissé un peu aller, mais, à l'avenir, tout va changer.

s'engager : promettre

résoudre : apporter des solutions

avec dignité : qui inspire le respect

Votez pour moi, je m'engage à résoudre tous vos problèmes.
Et il descend de la brouette avec dignité en claironnant son slogan :

COQENPÂTE,
LE COQ QUI VOUS ÉPATE !

Coqhardi s'approche dignement en faisant gonfler ses plumes. Toute la nuit, il a répété son discours. De bon matin, il est allé s'admirer dans la mare, se lissant le plumage et la crête et buvant quelques gorgées d'eau fraîche pour s'éclaircir la voix.

Un canard s'est moqué de lui :
– Eh ! Coqhardi, si tu continues, tu vas faire la roue comme le paon !

faire la roue : déployer les plumes de sa queue en éventail

Mais il a fait celui qui n'avait rien entendu. Il monte sur la brouette, toussote, écarte ses ailes et commence :

– Mes poules, mes poulettes, mes poussins… (Après une longue réflexion, il a décidé de s'adresser aussi aux poussins, les électeurs de demain et qui, aujourd'hui, peuvent influencer leurs mères.) Le monde progresse, se modernise sans cesse, mais il faut bien reconnaître que notre poulailler n'a guère évolué…

toussoter : s'éclaircir la voix

influencer : exercer une action sur quelqu'un pour lui faire changer d'avis

l'approbation : l'accord

ringard : démodé *(langage familier)*

scandalisé : choqué

Un murmure d'approbation parcourt la foule. Il poursuit :

– Et pourquoi ? Oui, pourquoi ?… Parce que les idées du coq qui nous dirige sont aussi ringardes que lui !

Des « oh » scandalisés s'élèvent, ainsi que quelques gloussements amusés.

– Place aux jeunes ! Je vous propose le changement ! Le progrès ! La modernité !

Coqhardi est un beau caqueteur. Des claquements de bec crépitent, des ailes froufroutent de plaisir et les poussins sautillent à qui mieux mieux.

– Des exemples ! demande Plumette pas plus impressionnée par le discours de Coqhardi que par les promesses de Coqenpâte.

– Je vais réclamer à Louis des couveuses électriques. Finies les longues heures d'immobilité sur les nids.

une couveuse : un appareil qui sert à faire éclore les œufs

L'étonnement se lit dans certains regards, et l'envie dans d'autres.

– Ensuite, je demanderai un éclairage de nuit pour augmenter la production d'œufs. Et nous deviendrons le premier producteur régional et pourquoi pas national !

vitaminé : qui contient beaucoup de vitamines

la climatisation : un système qui permet de maintenir une température constante

Un tapis roulant proposera à heures régulières une nourriture industrielle vitaminée, tandis que la climatisation des locaux nous fera oublier la chaleur l'été et le froid l'hiver. Ensuite…

Les yeux ronds s'arrondissent encore. Les becs s'ouvrent de stupéfaction. Des voix s'élèvent :

– Travailler jour et nuit ? C'est ça le progrès ?

– Est-ce qu'on aura notre photo dans le journal ?
– Mes poussins couvés électriquement ?
– Moi, ça ne me déplairait pas, c'est si fatigant...
– Rien ne vaut la chaleur maternelle !

– De la nourriture industrielle ? Quelle horreur !

– Il a pas dit s'il y aurait du chocolat ? interroge Pioupiou, vertement rabroué par sa mère.
– Oublier les saisons ? Il est fou !
– Il paraît que, la climatisation, c'est mauvais pour les plumes.
– On n'est pas des machines, tout de même ! Non à l'exploitation !

vertement rabroué : grondé rudement

l'exploitation : le fait de profiter de façon abusive du travail de quelqu'un

– La modernisation, le progrès… et la qualité de la vie, alors ?
Coqhardi s'ébroue, mais reste digne et reprend :

– Mes poules, mes poulettes, mes poussins ! De nos jours, ceux qui ne produisent pas assez sont promis à la casserole. Ce n'est qu'en progressant que nous sauverons nos plumes !

promis à la casserole : sûr d'être mangé

Ce dernier argument fait mouche. Coqhardi en profite pour clamer son slogan :

faire mouche : atteindre son but

clamer : affirmer publiquement et avec force

COQHARDI,
LE COQ DÉGOURDI !

Les deux candidats s'éloignent sans s'adresser un regard.
Coqenpâte va sur le tas de fumier, son refuge favori, pour méditer.

un refuge : un endroit où l'on se sent à l'abri

méditer : réfléchir longuement et profondément

détrôner : prendre la place de quelqu'un

un croulant : une personne âgée *(langage familier)*

Ce n'est pas un coquelet qui le détrônera ! Très content de lui, Coqhardi va se contempler dans la mare aux canards. Il a été le meilleur. La fin du règne de ce vieux croulant est proche !

Et si c'était une poule ?

C'est la révolution dans le poulailler.
– Coqhardi est fou !
– Oui, mais la casserole…
– D'un autre côté, Coqenpâte…
– Il n'a jamais levé un ergot pour nous !
– Sans aucun doute, mais il a de l'expérience...

la révolution : une grande agitation

– Avec lui, on n'obtient jamais rien.
– Coqhardi est plus…
– Coqenpâte est moins…
– Oui, mais Coqhardi est moins…
– Et Coqenpâte est plus…
– Coqhardi…
– Coqenpâte…

se crêper la crête : se battre en se tirant sur la crête *(expression inventée)*

favori : préféré

Poules, poulettes et poussins en viennent aux ailes. Les uns se crêpent la crête, se piquent du bec, les autres s'injurient, chaque clan défend son candidat favori.

– Arrêtez ! crie Plumette, mais personne ne l'écoute. Arrêtez ! reprend-elle, **JE ME PRÉSENTE AUX ÉLECTIONS !**

La bataille stoppe immédiatement.

– Qu'as-tu dit ? demande Poulegrise tout essoufflée.

essoufflé : qui respire avec difficulté

– Je suis candidate aux élections.

– Tu es candidate à quoi ? interroge Poulenoire.

– **AUX ÉLECTIONS !** hurle Plumette.

– Mais c'est impossible ! dit une poulette.

– Et complètement ridicule ! ajoute une autre.
– Tu n'es qu'une femelle ! Et en plus, on n'a jamais vu de poule coqmaire, affirme une vieille poule, l'air méprisant.
– Un peu de silence ! s'écrie Plumette, agacée par ces réactions.

méprisant : attitude montrant que l'on n'a aucune estime pour quelqu'un

agacé : énervé

Poules, poulettes et poussins sont tellement stupéfaits qu'ils se taisent. Plumette, à son tour, vole sur la brouette et commence :
– Mes amies, en vous écoutant jacasser, je me suis aperçue que ni le programme de

Coqenpâte ni celui de Coqhardi ne vous avait convaincues. Pourquoi ?
– Oui, pourquoi ? demandent en écho les gallinacés.
– Parce que nous avons le choix entre un paresseux et un beau parleur.
Des claquements de becs approbateurs retentissent.
– Coqenpâte n'a qu'un objectif : continuer à ne rien faire sauf cocorico le matin, et Coqhardi n'a qu'une idée : être le maître d'un poulailler ultra-moderne.
Est-ce cela que nous voulons ?

les gallinacés : les poules et les animaux de la même famille (dinde, perdrix, pintade…)

approbateur : qui est d'accord avec ce que quelqu'un fait ou dit

– Non ! Non ! crie-t-on de tous côtés.
– Nous voulons un espace plus grand et bien clos, plus d'arbres et de verdure, de l'eau fraîche l'été et un peu de chaleur dans les nids l'hiver.
– Oui ! Oui !
– Aucun des deux candidats ne tient compte de nos vrais problèmes, de nos revendications, de nos idées à nous… les poules !

une revendication : une demande insistante

– C'est vrai !
– Elle a raison !
– Trouvez-vous normal que l'un des deux seuls mâles adultes du poulailler représente plus de cinquante femelles et poussins ?

– Non ! Non !
– Qui, mieux qu'une poule, peut représenter les poules ? Qui peut mieux caqueter en votre nom ? Qui exigera la nourriture qui convient à nos enfants ? Qui saura leur apprendre la vie du poulailler ?
– Une poule ! Une poule ! hurle la foule des gallinacés.

assurément : certainement

– Assurément, ce n'est pas un coq qu'il faut à la tête du poulailler, mais bien une représentante du sexe féminin !
Plumette est superbe. L'excitation rougit sa crête, gonfle ses plumes et fait briller ses petits yeux vifs.

Coqenpâte
et Coqhardi,
attirés par le bruit,
pointent un bec étonné
derrière la haie de groseilliers.
– Que se passe-t-il ?
interroge Coqenpâte.

– Je crois bien que Plumette a décidé de se présenter aux élections, murmure Coqhardi.
– C’est ridicule ! On n’a jamais vu une chose pareille !
– Chut ! Écoutons la suite, l’interrompt Coqhardi.
– C’est Plumette qu’il nous faut ! lance une voix.
– Elle saura nous défendre et parler à Louis !
– Elle n’exigera jamais que nous pondions jour et nuit !

se pavaner : essayer de se faire remarquer en prenant des airs avantageux

scander : prononcer des mots en articulant les syllabes séparément et sur un certain rythme

des sornettes : des paroles qui ne reposent sur rien de vrai

– Le règne des coqs a assez duré ! Ils ne sont bons qu'à se pavaner pendant que nous pondons !
Bientôt la foule scande :

PLUMETTE ! PLUMETTE ! PLUMETTE !

Les poussins n'ont pas encore le droit de vote. Alors ils piaillent de tout leur cœur pour se donner de l'importance.
Plumette laisse la foule se calmer. Puis elle lance le slogan qui vient de lui passer par la tête :

VOTEZ PLUMETTE, LA POULE
QUI NE RACONTE PAS DE SORNETTES !

Les élections

Le dimanche suivant, les élections ont lieu. Les lapins ont prêté leurs clapiers pour servir d'isoloirs et c'est le plus vieux jars qui tient l'urne.
Tous les habitants du poulailler vont voter, sauf les poussins qui sont encore trop jeunes, mais qui accompagnent leurs mères.

un isoloir :
un endroit, à l'abri des regards, où l'électeur met sous enveloppe son bulletin de vote

un jars :
le mâle de l'oie

une urne :
une boîte dans laquelle on met son bulletin de vote

la superbe : une allure pleine d'assurance

Coqenpâte est le premier à mettre son bulletin dans l'urne. Il n'a pas fermé l'œil de la nuit, tant il était nerveux. Sa crête est un peu terne et il a perdu de sa superbe.

se frayer un passage : s'ouvrir un chemin

foudroyer du regard : regarder avec colère

Il a du mal à se frayer un passage au milieu des poules qui ne s'écartent plus devant lui. Il foudroie Plumette du regard et trouve la force de claironner :

COQENPÂTE, LE COQ QUI VOUS ÉPATE !

Coqhardi a pris le temps de se faire une beauté. Il s'est lustré les plumes une à une. Il avance lentement au milieu des poulettes pour se faire admirer. Quelques murmures flatteurs parcourent la foule. Il en est tout ragaillardi.

Cette élection n'est peut-être pas encore perdue.

En sortant de l'isoloir, il lance :

ragaillardi : réconforté

COQHARDI, LE COQ DÉGOURDI !

La poule blanche et noire qui ne vote jamais est la dernière à se présenter. Elle glisse son bulletin dans l'urne en marmonnant :
– Pour une fois que j'ai le choix !

le dépouillement : l'ouverture des enveloppes contenant les bulletins de vote

fiévreux : agité

Le soir, le dépouillement a lieu dans une ambiance fiévreuse. Les résultats sont les suivants :

Coqenpâte : une voix.
Coqhardi : une voix.
Plumette : cinquante voix.

Plumette est portée en triomphe sous les hourras. Les poussins piaillent à pleine gorge. On ne s'entend plus.

– Merci, merci mes amies ! répète Plumette, je vous promets d'agir pour que nous soyons heureuses toutes ensemble.

Déçus, les deux coqs s'éloignent. Mais Plumette, qui veut un poulailler uni, les rappelle et leur propose :

une excursion : une promenade touristique

– Coqenpâte, les poules âgées s'ennuient, il faut leur trouver des activités.
– Bonne idée ! Je pourrais organiser des excursions dans la forêt et des déjeuners près de la rivière, il paraît que les vers y sont excellents. Nous pourrions aussi faire des soirées avec les gallinacés de la ferme voisine.
– Et toi Coqhardi, continue Plumette, que dirais-tu de t'occuper des poussins ?
– Génial, je leur donnerai des cours de gym ; les lapins leur apprendront à sauter ; les pigeons à voler ; et, pour la natation, nous irons voir les canards.

Enthousiasmés par leurs nouveaux projets, ils n'entendent même plus la foule des poules et des poussins qui chante :

PLUMETTE,
LA POULE QUI NE RACONTE PAS
DE SORNETTES !
PLUMETTE,
UNE POULE SUPER CHOUETTE !

Si tu as aimé :

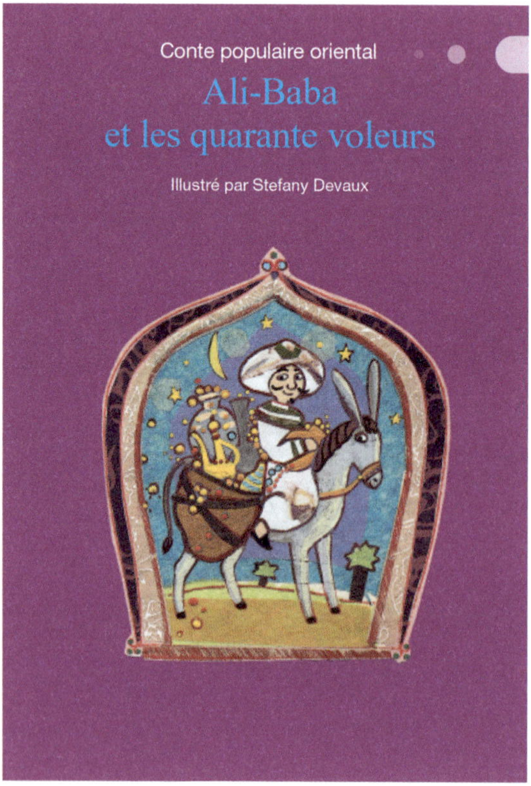
Conte populaire oriental
Ali-Baba
et les quarante voleurs
Illustré par Stefany Devaux

Tu aimeras aussi :

Sindbad le marin

Conte populaire oriental

Traduit de l'arabe par Antoine Galland

Illustré par Stefany Devaux

Bibliobus n° 3, Hachette Éducation

Hé, vous me reconnaissez ? C'est moi, Sindbad. Avez-vous entendu parler de mes formidables aventures sur les sept océans du monde ? Je vais vous raconter le premier de mes voyages. Partis de Bagdad, nous avions accosté sur une île déserte, quand soudain...

Décollage immédiat !

Illustration : Thierry Christmann

Tu as aimé

OCTAVE ET LE CACHALOT ?

Retrouve Octave dans trois nouvelles aventures.

Au fil des saisons, le petit garçon va aider d'autres animaux à se sortir de situations périlleuses.

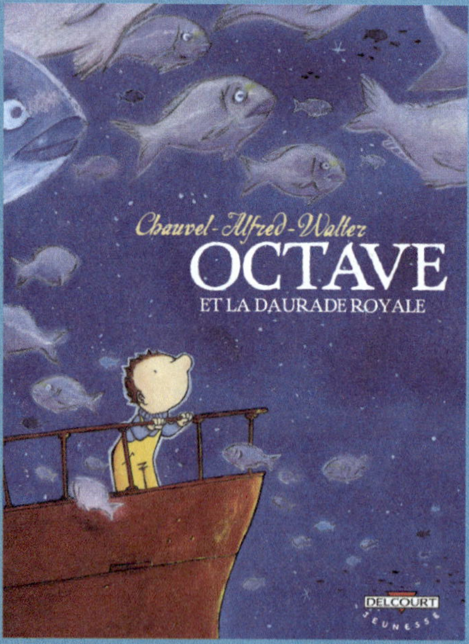

Tome 2
Octave et la daurade royale

Assis au bord de l'eau aux côtés de son pépé, Octave s'ennuie ferme. La pêche, c'est vraiment pas son truc ! Brusquement, un poisson mord à l'hameçon avec une violence telle qu'Octave se retrouve entraîné au fond des eaux. Là, Aurata, la reine des daurades royales, lui demande son aide afin de lutter contre la pêche abusive...

Tome 3
Octave et le manchot papou

C'est l'hiver et Octave, emmitouflé dans son manteau, contemple la mer gelée. Tout à coup, son attention est attirée par une forme singulière, perchée sur un bloc de glace. Il s'agit d'un manchot qui, le temps d'une journée, devient le compagnon encombrant mais fort sympathique du jeune garçon. Mais au fait, comment cet animal polaire a-t-il pu arriver jusqu'en Bretagne ?

Tome 4 - Octave et le fou de bassan

Un matin de printemps, un jeune fou de bassan atterrit devant la maison d'Octave. Son père a été capturé par des pêcheurs sans scrupules et expédié à Merland, un grand parc marin touristique. Désespéré, Alban, le fou de bassan, demande à Octave de l'aider à récupérer son papa.

À paraître en septembre 2006

Table

Achevé d'imprimer en Slovaquie par Polygraf
Dépôt légal : Mars 2013 - Collection n° 73 - Édition 06
11/7323/6